Sylvia Ehrenstein

Puppen aufarbeiten und rebornen, Anfertigung von Zubehör und Kleidung.

Für Anfänger und Sparfüchse

Sylvia Ehrenstein

PUPPEN AUFARBEITEN UND REBORNEN

ANFERTIGUNG VON ZUBEHÖR UND KLEIDUNG.

FÜR ANFÄNGER UND SPARFÜCHSE.

Bibliografische Information der Deutschen Nationalbibliothek: Die Deutsche Nationalbibliothek verzeichnet diese Publikation in der Deutschen Nationalbibliografie; detaillierte bibliografische Daten sind im Internet über http://dnb.dnb.de abrufbar.

Verlag: BoD · Books on Demand GmbH, Überseering 33, 22297 Hamburg,

bod@bod.de

Druck: Libri Plureos GmbH, Friedensallee 273, 22763 Hamburg

ISBN: 978-3-7693-6781-2

INHALT

<u>Vorwort</u>

Mit diesem Buch werden erste Schritte und einfache Grundtechniken vermittelt, um eine ältere Puppe (aus Kunststoff/Gummi) aufzufrischen und/oder eine „Reborn" Puppe zu gestalten.
Die im Buch beschriebenen Färbetechniken sind für harte Materialien (Hartvinyl, Celluloid etc.) kaum geeignet, da die Farbe nicht in das Material eindringen, sondern abperlen würde.

Mit diesem Buch wird nicht der Anspruch erhoben, eine antike Puppe zu restaurieren, wie es professionelle Restauratoren und Puppendoktoren machen, sondern es wird mit vergleichbaren einfachen Mitteln eine alte Puppe (vielleicht die eigene) zu neuem „Leben" erweckt.

Außerdem wird gezeigt, wie eine Reborn Puppe mit simplen Methoden angefertigt werden kann. Dabei werden auf Reborn-Puppen-Bausätze mehrere Schichten Farbe aufgetragen (ohne Einbrennen), damit eine möglichst realistisch lebendig aussehende Puppe entsteht.

Natürlich ersetzt dieses Buch keine langjährigen Erfahrungen von Puppenkünstlern, die Puppen modellieren, die unterschiedlichen Farbschichten einbrennen und Haare einpflanzen. Auf diese komplizierteren Bearbeitungen wird in diesem Buch nicht detailliert eingegangen. Es gibt im Buchhandel und im Internet entsprechend vertiefende Fachliteratur und Videos.

Dieses Buch ist ein erster, einfacher und kostengünstiger Einstieg in die Puppenaufarbeitung und das Rebornen (in deutscher Sprache).

Weitere Informationen sind auf meiner Homepage zu finden:
https://sylvia-ehrenstein.webnode.page

Historischer Überblick der Puppenentwicklung

Puppen sind figürliche Nachbildungen von Menschen und gehören zu den ältesten und häufigsten Spielzeugen. Seit der Frühzeit der Menschheit und in allen Kulturen sind Puppen aus unterschiedlichen Materialien und Formen anzutreffen.

Es gibt archäologische Funde von einfachen Puppen aus Holz, Stein und tonähnlichem Material aus der Jungsteinzeit (ca. 8000 v.Chr.). Diese dienten nicht nur als Spielzeug, sondern waren auch rituelle Objekte.
Ägyptische (2000 v.Chr.), griechische und römische Puppenfunde hatten oft bereits bewegliche Gliedmaßen und waren das Spielzeug von Kindern der oberen Gesellschaftsschichten.

Im Mittelalter (500 n. Chr. bis 1500 n. Chr.) wurden die Puppen oft aus Stoff hergestellt, als Spielzeug für Kinder, aber auch, um moralische oder religiöse Geschichten als sog. Puppenspiel darzustellen.

Im 18. Jahrhundert wurden Figuren geschnitzt und gedrechselt als einfache Spielpuppen für die Kinder der unteren Gesellschaftsschichten.

Im 19. Jahrhundert begann mit der Einführung neuer Materialien (wie Papiermaché, Porzellan) die Massenproduktion von Puppen. Seit 1896 werden Puppen aus Celluloid hergestellt.

Anfang des 20. Jahrhundert präsentierten Münchner Künstler kindliche Puppen; seitdem stellt die Puppenindustrie „Charakterpuppen" her.
Die ca. 1905 in Deutschland eingeführte detailtreue Qualitäts-Puppe „Käthe Kruse" gilt als eine der ersten modernen Puppen.
Die heute als Schildkröt bekannte Firma stellt seit 1896 hochwertige Puppen her, seit 1911 werden diese Puppen weltweit exportiert.

Die zwei Weltkriege unterbrachen die „Blüte" der Puppenindustrie und nur sehr langsam erholte sich dieser Industriezweig wieder.

1932 wurde die Puppenfabrik „Max Zapf" gegründet, welche 1991 die „Baby Born" und 1998 die elektrische Funktionspuppe „Baby Annabell" auf den Markt brachten.

1955 entstand aus einer Comicfigur (aus der BILD-Zeitung) die „Bild-Lilli", die das Vorbild der „Barbie" Puppe war, die 1959 von der amerikanischen Firma Mattel auf den Markt gebracht wurde. 1995 brachte Mattel die „Cabbage Patch Kids", Kohlkopfpuppen, auf den Markt.

Ab 1970 wurde das Monchichi, eine Mischung aus Stofftier und Kinderpuppe, weltbekannt. In den 1970er Jahren begann die Produktion der Muppet Figuren (u.a. Kermit der Frosch, das Schwein Miss Piggy) die seit 1977 aus dem deutschen Fernsehen bekannt sind.

Seit den 1980er Jahren nimmt die Bedeutung der Puppen als Kunstobjekt zu; Puppen werden Sammelobjekte, kostbare Antiquität und Souvenir, vor allem die Künstlerpuppen.

In den 1990er Jahre wurden industriell gefertigte Puppen entfärbt, bei Bedarf die Haare entfernt und komplett neu gefärbt und gewichtet, quasi neu geboren. Die **Geburtsstunde der Reborn Puppen**. Es entstand ein neuer Trend aus Amerika. Das Wort Reborn kommt aus dem Englischen und bedeutet „Wiedergeboren".

Heute werden neue unbehandelte Bausätze aus Vinyl oder Silikon als Basis für eine Reborn Puppe verwendet. Da jeder Bausatz, wenn auch industriell gefertigt, manuell gefärbt wird, ist jedes Reborn ein Einzelstück, d.h. eine Künstlerpuppe, die echten Kindern täuschend ähnlich sieht.

<u>Einleitung</u>

Puppen sind mehr als ein Kinderspielzeug, ganz besonders die Reborn Puppen, kurz Reborn.

Oft werden Reborns als Therapiepuppen eingesetzt, so z.B. zur Trauerbewältigung, wenn eine Frau ein Baby verloren hat, oder bei einem unerfüllten Babywunsch sowie für ältere Menschen, mit oder ohne Demenz, zum Knuddeln und lieb haben. Da die Puppen durch das sehr realistische, lebensechte Aussehen mit einem weichen und babylike gewichteten Körper anschmiegsam im Arm liegen, können diese Puppen Trost spenden, aber auch Muttergefühle können geweckt werden.
Diesen psychologischen Effekt haben handelsübliche Puppen nicht. Deshalb ist eine Reborn Puppe auch ein Therapiewerkzeug.

Therapeuten, Hebammen und Jugendeinrichtungen setzen Reborns ein. Mit diesen realitätsnahen Reborns lernen u.a. werdende Eltern den Umgang mit ihrem künftigen Baby, z.B. das Wickeln, Baden und Füttern.

In der Erwachsenenbetreuung werden Reborns eingesetzt, um das Wohlbefinden zu verbessern. Mit einem Baby zu kuscheln setzt Glückshormone frei und hat somit positive Auswirkungen auf Geist, Seele und Körper der Menschen.

Reborn Puppen sind auch eine niedliche Dekoration, z.B. in einer alten Wiege oder einem Kinderwagen.
Auch in Filmen werden Reborns eingesetzt.
Selbstverständlich kann mit Reborn Puppen auch vorsichtig gespielt werden.
Es gibt viele unterschiedliche Gründe und Verwendungsmöglichkeiten für eine Reborn Puppe.

<u>Grundausstattung</u>

- ✓ Basis ist entweder eine fertige Puppe, z.B. aus der eigenen Kindheit, oder ein Puppen-Bausatz zum rebornen.
- ✓ Acrylfarben für Vinylpuppen (aus dem Reborn-Fachhandel)
  - Schwarz
  - Braun
  - Burgund/Rot
  - Hautfarben
  - Lila
  - Grün
  - Blau
  - Weiß
- ✓ Versiegelung, ein Vanish (aus dem Reborn-Fachhandel)
- ✓ Pinsel: sehr dünn, mittel und dick.
- ✓ Schwämmchen, um die Farbe einzutupfen und eine hautähnliche Struktur zu bekommen.
- ✓ Augenbrauenstift (aus dem Reborn-Fachhandel), um die Augenbrauen zu zeichnen und für ein einfaches Hairpainting.
- ✓ Trocknungsständer aus dem Handel. Oder es werden Gefäße mit Sand zur Stabilisierung gefüllt und Stöcker/ Spieße hineingesteckt, auf welche die Gliedmaßen platziert werden, zum Trocknen.
- ✓ Ein Gefäß (z.B. altes Marmeladenglas) mit Wasser.
- ✓ Gefäße (Deckel, Teller etc.) zum Mischen der Farben.
- ✓ Gummihandschuhe (dünne Einweghandschuhe)

Arbeitsplatzanforderung:
- ✓ Ausreichend Platz und vor allem eine gute Beleuchtung.

<u>Vorbemerkung</u>

Ich empfehle grundsätzlich das Tragen von Einweghandschuhen, um die eigenen Hände vor Verschmutzungen zu schützen und um zu verhindern, dass unser Körperfett auf die Puppe kommt, weil auf Fett die Acrylfarben nicht gleichmäßig halten würden.

Bevor das Rebornen beginnt, sollte der gewünschte Reborn Baby Typ ausgewählt werden: nach ethnischer und nationaler Herkunft, Abstammung und Hautfarbe, hier eine grobe Übersicht:

Keltisches, nordisches Reborn Baby

- Merkmale
  - sehr helle Hautfarbe
  - rötliches oder hellblondes Haar
  - blaue, grüne oder hellgraue Augen
  - ggf. Sommersprossen bei einem Kleinkind

Mischtyp, mitteleuropäisches Reborn Baby

- Merkmale
  - mittelhelle Hautfarbe
  - dunkelbraunes oder hellbraunes, dunkelblondes Haar, manchmal auch blondes oder schwarzes Haar
  - braune, blaue, grüne oder graue Augen

mediterranes Reborn Baby

- Merkmale
  - bräunliche oder olivfarbene Haut
  - braunes oder schwarzes Haar
  - braune Augen

Reborn Baby mit dunkler/schwarzer Hautfarbe (Afro)

- Merkmale

    - dunkelbraune bis schwarze Haut
    - schwarzes Haar
    - braune Augen

Asiatisches Reborn Baby

- Merkmale
    - sehr helle Hautfarbe, leicht gelblich
    - braune, mandelförmige Augen
    - tiefschwarze dicke Haare

Natürlich kann das eigene Reborn Baby auch nach den eigenen Wünschen gestaltet werden, es gibt unendlich viele Möglichkeiten. Durch diese vielen Alternativen ist jedes Reborn ein Unikat, selbst angefertigte Zwillinge werden in Färbung, Venengestaltung, Augenbrauenbearbeitung oder bezüglich der Haargestaltung Abweichungen haben.

<u>Kapitel 1: Aufarbeitung einer älteren Puppe</u>

<u>Vorbereitung</u>

Wenn eine Puppe mit Stoffkörper aufgearbeitet werden soll, werden die Arme, Beine und der Kopf demontiert. Meistens ist der Stoffkörper mit Schaumstoffmaterial gefüllt, der sich nach einigen Jahren auflöst, zu kleinen Krümeln und feinen Bröseln. Auch der Stoff hat meistens gelitten und ist verdreckt und ggf. kaputt. Folglich wird der Körper geleert und gewaschen oder entsorgt. Bei Bedarf wird ein neuer Körper genäht (siehe sep. Erklärung) oder ein fertiger Körper gekauft und mit waschbarem Material gefüllt.

Wenn die Puppe komplett aus Kunststoff ist (Arme, Beine, Kopf und Körper), wäre eine Demontage zu überdenken, da es ggf. später sehr schwierig ist, die Puppe ohne Schäden wieder zu montieren. Die Puppe könnte in Gänze gefärbt werden.

Oder der Kopf und die Gliedmaßen werden demontiert und der alte Vinyl-/Kunststoffkörper durch einen Stoffkörper ersetzt.

Von der älteren Puppe, die gefärbt werden soll, muss die alte Farbe, Flecke und Verschmutzung zuerst möglichst entfernt werden. Nach der Reinigung mit Spülmittel und Bürste (z.B. Gesichtsbürste aus der Kosmetik) erfolgt die Farb- und Fleckenentfernung mit einem speziellen Vinylreiniger, aus dem Fachhandel für Reborn Zubehör. Bei sehr hartnäckigen Flecken oder Farbauftrag (z.B. Nägel oder Lippen) kann Nagellackentferner eingesetzt werden.

Hinweis: meistens ist das Vinyl/Gummi von älteren Puppen durchgefärbt, dann kann die Puppe nicht komplett entfärbt werden.
Anschließend müssen die Puppenteile gut trocknen, am besten über Nacht.

Die Farben für die weitere Bearbeitung werden mit Wasser und bei Bedarf mit einer kleinen Menge eines Aktivators (einer sogenannten Haftungs-verstärkung mit Weichmachersperre und UV-Schutz) vermischt. Die ange-mischten wässrigen Farben sollten recht flüssig sein (lasurartig), damit diese in die Puppenteile (Vinyl) eindringen und nicht nur darauf liegen.
Der Farbverbrauch ist gering, sparsam, da die Farben mit Wasser ver-dünnt werden. Folglich können in der Regel mit sogenannten Startersets oder Farbproben (aus dem Reborn Fachhandel) mehrere Puppen gefärbt werden.

<u>Grundierung als Basis</u>
Der erste Farbauftrag sollte die hellste Schicht sein (Skin, helles beige mit etwas weiß und rot). Es wird kaum ein Farbunterschied zu erkennen sein beim Auftragen zwischen den Puppenteilen mit und ohne Grundierung. Trotzdem ist diese erste Schicht wichtig, damit die folgenden Farbschich-ten optimaler werden.

Die wässrig angerührte Farbe wird mit einem Pinsel abschnittsweise auf die Puppenvinylteile aufgetragen, z.B. erst die Hand, dann der Unterarm und zum Schluss der Oberarm. Ein Abperlen der wässrigen Farbe ist kein Problem. Nachdem mit dem Pinsel der erste Abschnitt eingestrichen ist, wird mit einem Schwamm die Farbe sorgfältig und zügig eingearbeitet, durch tupfen. Dabei ist es wichtig, dass in Falten, Fingerzwischenräumen etc. sorgfältig die überschüssige Farbe abgetupft wird, ggf. mit einem di-cken weichen Pinsel, falls der Schwamm nicht in die Spalten passt. Wenn der Schwamm nach einiger Zeit recht nass ist, kann dieser auf einem Kü-chenpapier abgetupft werden.

Nach jeder Farbbehandlung werden die Teile zum Trocknen auf ein Trock-nungsgestell (aus dem Fachhandel) gesetzt.

Anstelle der Benutzung eines Trocknungsgestells kann man in Gläser oder Konserven, die z.B. mit Sand oder Blumensteckschaum gefüllt sind, Holzstäbe stecken und darauf jeweils ein Puppenteil zum Trocknen hängen.

<u>Schattierungen</u>
Es wird eine wässrige Farbe aus Blau und Grün angerührt, oder ein Grau, aus Schwarz und Weiß.

Die Vertiefungen der Puppenteile werden schattiert, in die Vertiefungen (Mulden) wird mit einem kleinen Pinsel etwas von der wässrigen Farbe gebracht und danach mit einen Schwämmchen eingetupft.

Bei den älteren Puppen sind oft die anatomischen Vertiefungen nicht ausgeformt. Ich schattiere dann die Bereiche, die eigentlich Vertiefungen haben müssten, aber nur ganz leicht (weniger ist mehr):

- Das Fußgewölbe unter dem Fuß.
- Links und rechts neben der Achillessehne
- Links und rechts der Kniescheibe
- Mittig die Handfläche
- Unteres Handgelenk, Pulsadern
- Links und rechts neben Ellenbogen
- Links und rechts der Stirn, die Schläfen
- Den Nasenansatz
- Ober- und unterhalb des Auges
- Nasolabialfalte, Falte zwischen Nasenflügel und Mundwinkel
- Philtrum, Vertiefung mittig zwischen Nase und Mund
- Oberhalb vom Kinn
- Hinter dem Ohr bis zum Hals
- Hintere Bereich des Halses, der Nacken

<u>Adern, Venen</u>

Zur zuvor verwendeten Schattierungsfarbe wird etwas lila gegeben.

Die Adern werden mit einem dünnen Pinsel gemalt und abgetupft mit einem Schwämmchen. Es gibt im Internet auch Bilder mit Darstellungen zur anatomischen Lage der Adern.

Folgende Adern male ich:

- Beim Knöchel
- In der Kniekehle
- Manchmal auf der Außenseite vom Oberschenkel
- Pulsadern an der Hand
- In der Armbeuge
- Schulter
- Schläfen
- Ggf. einige auf dem Kopf, wenn es ein „Glatzi" wird
- Vom Ohr zur Schulter

<u>Rötungen</u>

Es wird eine wässrige Farbe aus Burgund, ggf. mit Skin angemischt.

Die erhöhten Bereiche erhalten eine leichte Rötung, aber weniger ist mehr, sonst entsteht ein zu rotes Reborn Baby:

- Augenbrauen, Nasenspitze, Mund
- Wangen, ggf. Kinn
- Fußsohle, Knöchel, Knie
- Handfläche, Ellenbogen

Körper

- Schultern
- Pobacken
- Bauch
- Brustwarzen

<u>Falten</u>

Der zuvor verwendeten Rötungsfarbe wird noch etwas rot zugeführt.

Mit einem dünnen Pinsel wird Falte für Falte nachgemalt und mit einem Schwämmchen oder weichem Pinsel abgetupft, schließlich sollen die Falten nicht wie gemalte Striche aussehen.

Auch der Mund wird mit dieser Farbe gefärbt. Die Lippenfarbe ist dem Hauttyp des Reborn Babys anzupassen. Die Lippen sollten bei einem hellen Reborn Baby nicht zu rot oder pink werden, sonst sieht es aus, als wurde Lippenstift aufgetragen.

<u>Hautstruktur, Mottling</u>
Lila und rotbraun werden zu einer wässrigen Farbe gemischt.

Für die Struktur der Haut (Bindegewebe) wird ein spezieller Stempel, oder ein Schwamm als Stempel benutz. Es kann ein Naturschwamm genommen werden.
Ich nehme Qualitäts-Künstler-Schwämmchen aus Latex mit weicher Konsistenz für ein feinporiges Hautbild. In den Schwamm zupfe ich mit einer sehr spitzen Pinzette viele kleine Löcher, dicht an dicht, um eine Struktur zu erhalten (siehe Bilder auf der nächsten Seite)

Die Farbe wird auf den Schwamm aufgebracht und ca. 3–5-mal auf einem Küchenpapier abgestempelt, bis die Struktur nur noch schwach zu erkennen ist. Jetzt bestempel ich mit dem Schwamm die Puppenteile, außer die Fußsohlen und Handflächen. Die Struktur sollte nur leicht zu erkennen sein, sonst wirkt das Reborn Baby alt und krank.

In einem weiteren optionalen Mottling-Durchgang mische ich die Farbe etwas rötlicher und gestempelt nur noch die Wangen, Knie, Ellenbogen und die Oberseiten der Unterarme.

Für das Mottling werden aus einem Schwamm mit einer spitzen Pinzette kleine Stücke gerissen.

Der bearbeitete Schwamm dient als Stempel und muss nach Farbauftrag mehrfach abgestempelt werden, da das Muster auf den Puppenteilen

nur ganz schwach zu erkennen sein sollte.

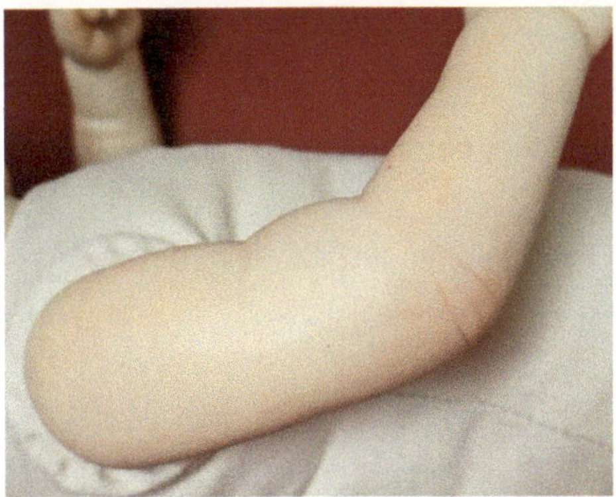

Weniger ist mehr....

Dieser Spruch gilt auch bei Puppenfärbung

Wash out, (optional)

Umbra und braun werden zu einer wässrigen Farbe angemischt oder es wird die Grundierungsfarbe verwendet.

Diese Farbschicht wird wie die Grundierung aufgebracht.

Maniküre

Aus einem Gemisch von Weiß und etwas Beige (Wollweiß) werden die Nagelspitzen nachgezogen mit einem feinen Pinsel.
Bei größeren Puppen kann auch der Halbmond der Nägel gemalt werden.

Sommersprossen

Sommersprossen sind eine süße Erscheinung und geben einem Kleinkind (Toddler) eine ganz besondere Note; die meisten Sommersprossen sind kreisrund und hellbraun. Sommersprossen können mit einem dünnen Pinsel aufgetragen werden oder mit einem Zahnstocher aus Holz aufgestempelt werden.

Augenbrauen und Haare

Die Haare und Augenbrauen können mit einem sehr dünnen Pinsel gemalt oder mit einem Augenbrauenstift gezeichnet werden.

Vor dem Zeichnen mit einem Augenbrauenstift (Hairpainting) sollte der Kopf mit einem Varnisch grundiert werden, damit die Farbe auf dem Vinyl besser haftet.
Der Augenbrauenstift muss immer sehr spitz angespitzt sein, da ansonsten die Haare zu dick werden.

Vom Handling her drehe ich zum Zeichnen der Augenbrauen den Kopf kopfüber, dadurch ist es einfacher, die Brauen gleichmäßiger zu zeichnen.

Bauschiger sehen die Brauen/Haare aus, wenn mehrere unterschiedliche Farben übereinander gezeichnet werden.

Eine einfache Methode, Haare mit einem Augenbrauenstift aufzuzeichnen

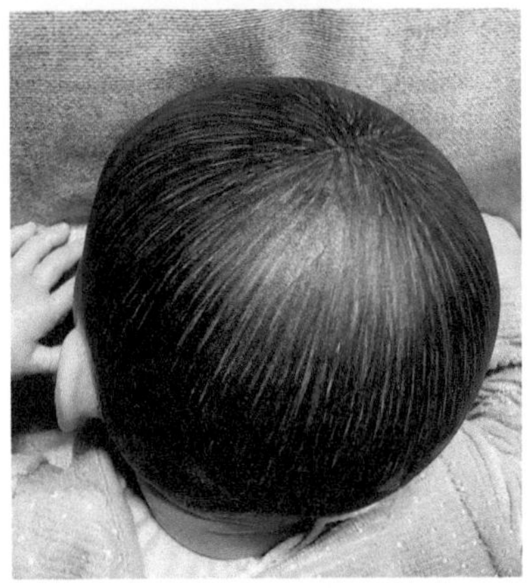 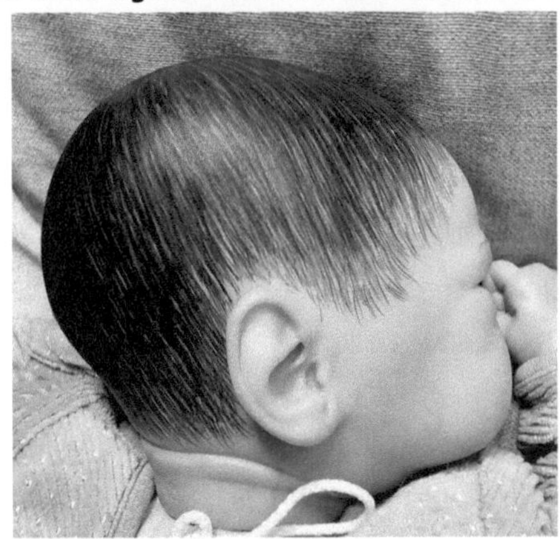

oder mit einem ganz feinen langhaarigen Pinsel jedes Haar einzeln. Diese Pinsel mit langem wenigem Haar bietet der Zubehörhandel für Maniküre (Nageldesign) an.

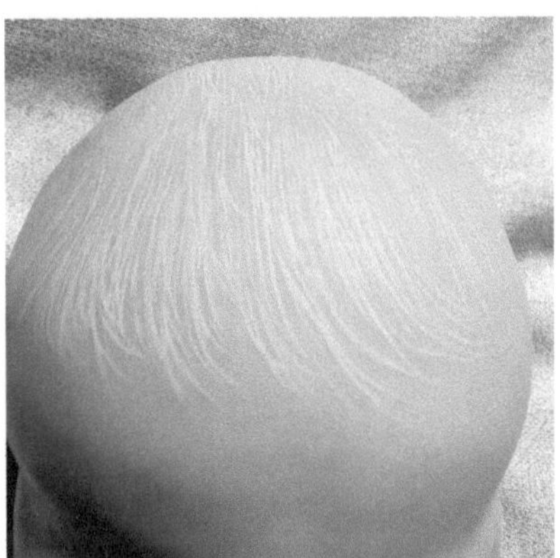 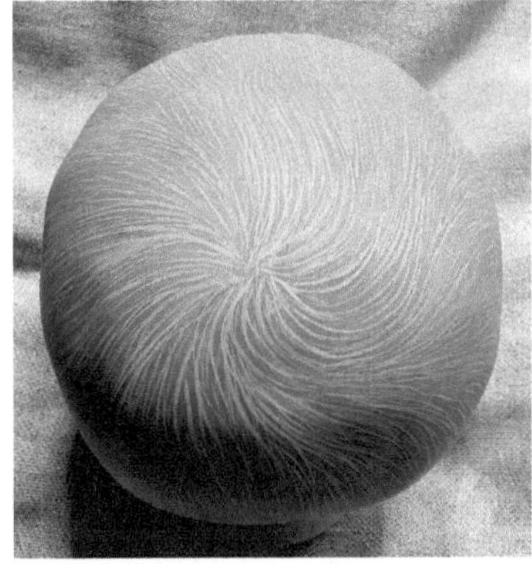

Dabei beginnt mein Hairpainting immer Mitte Kopf/Hinterkopf gerade oder in „S"-förmigen langegezogenen Linien. Wenn das Haar lockiger werden soll, werden die Kurven und Bögen schwungvoller und enger gestaltet. Diese Methode ist sehr mühsam, aber es entsteht eine detaillierte Darstellung.

Alternativ können Fächerpinsel verwendet werden, um gleichzeitig mehrere Haare zu malen. Oder es wird ein breiterer Flachborstenpinsel mit einer Schere ausgedünnt und verwendet. Mit dieser Methode werden die Haare schneller gemalt, aber das Ergebnis ist gröber im Haarbild. In der „Begriffserklärung und kleine Materialkunde" gibt es Abbildungen zu den unterschiedlichen Pinseln.

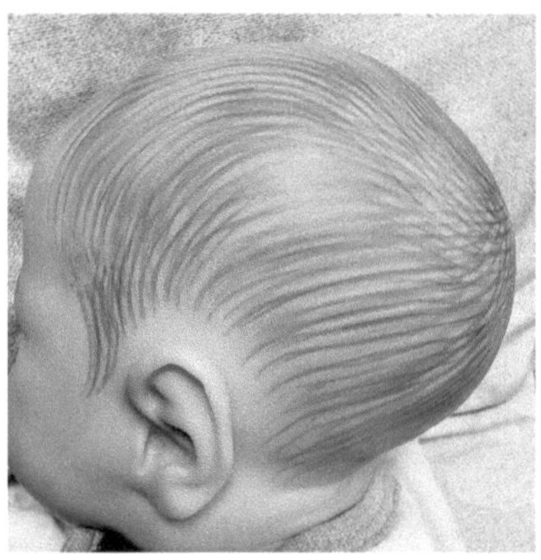
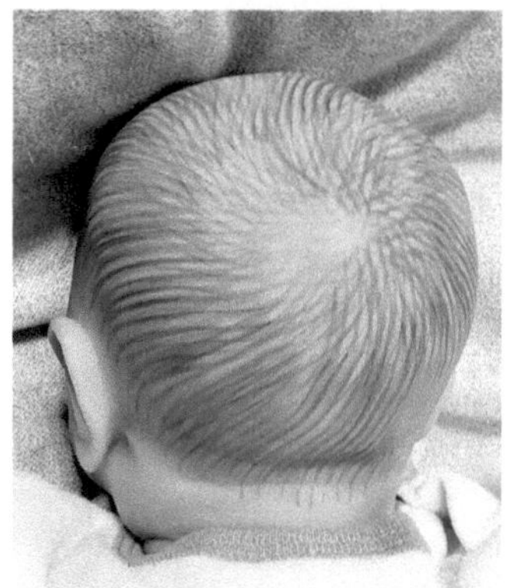

Der Kopf kann auch ohne Haare gelassen werden, als „Glatzi Baby", oder es werden mit sog. Rootingnadeln Mohair oder Echthaar in den Kopf implantiert. Zu diesem Spezialthema gibt es Literatur im Buchhandel und Videos im Internet. Im Internet gibt es viele Ideen, Anregungen etc. zu diesem Thema, allerdingst oft nur in englischer Sprache.

<u>Versiegelung</u>

Es wird mit einem Pinsel abschnittsweise eine Versiegelung, ein sog. Varnish, aufgetragen und mit einem Schwämmchen eingetupft.

Die Versiegelung bewirkt einen Matt- oder Glanzeffekt (je nach Geschmack) und schützt die Farbe u.a. vor UV-Strahlen, d.h. vor dem Ausbleichen. Außerdem kann man mit dem Varnish durch das Schwämmchentupfen realistische dreidimensionale Hautstruktur-Effekte erzielen.

Wenn die Versiegelung getrocknet ist, werden die Fuß- und Fingernägel sowie der Mund mit einem speziellen glänzenden Lack versehen.

In den Kopf kann im Mundbereich ein Magnet geklebt werden, damit später ein Magnetschnuller benutzt werden kann. Es könnte auch ein Magnet in den Haarbereich geklebt werden, für eine magnetische (Metall) Spange. <u>Vorsicht bei Herzschrittmachern!</u>

<u>Augen</u>

Ältere Puppen haben meist Augen, die im Idealfalle nur gesäubert werden. Sind die Augen aufgemalt, werden diese bei Zerstörung nachgemalt. Ist der Schlafaugenmechanismus kaputt, muss dieser ggf. ausgetauscht werden. Manchmal sind nur Wimpern zu ergänzen.

<u>Körper neu nähen</u>
Wenn der alte Körper nicht mehr zu reinigen bzw. zu reparieren ist, muss die Puppe einen neuen Körper erhalten.
Es gibt die Möglichkeit, im Fachhandel einen entsprechenden neuen Stoff-Einbinde- oder Scheibengelenkkörper zu kaufen. Dabei muss die Länge

der Arme und Beine beachtet werden, weil die Stoffkörper für ganze Gliedmaßen, ¾ oder nur Hände und Füße unterschiedlich gestaltet sind.

Wenn kein handelsüblicher Stoffkörper passt, muss ein neuer Körper genäht werden. Es sollte ein dichter, nicht dehnbarer Stoff verwendet werden, z.B. ein hautfarbener Velourstoff oder Baumwolle. Es kann auch ein
gemusterter Stoff verwendet werden, dann sieht es aus, als hätte die
Puppe Unterwäsche oder einen Spieler (Strampler) an.

Als Schnittmuster kann der alte Stoffkörper dienen. Der alte Stoffkörper
wird entleert (Füllung raus) und auf den neuen Stoff gelegt. Im Abstand
von ca. 1 cm wird mit Schneiderkreide oder Bleistift die Körper-Silhouette
auf den Stoff übertragen. Die Arm- und Beinansätze werden separat zugeschnitten und genäht. Arme und Beine werden später an den Körper
passgenau genäht oder eingebunden.

<u>Ein einfaches Schnittmuster entwickeln für einen „Schlenkerkörper"</u>
Auf ein Stück Papier wird der Kopf und die Gliedmaßen gelegt.
Je nach fertiger Puppengröße werden Kopf und Gliedmaßen ausgerichtet.
Z.B. bei einer Puppe, die eine Endgröße von 50 cm erhalten soll, ist ein
Maß von 50 cm von Oberkante Kopf bis Unterkante Fuß erforderlich.
Es wird ein abgerundetes Rechteck zwischen Kopf und Beine, als Körper
auf das Papier gezeichnet. Da die Beine später mit separaten Beinansätzen
angesetzt werden, ist die Kante des Rechteckes (Körper) ca. 5 cm ent-
fernt. Das gleiche gilt bezüglich der Arme, der Abstand zwischen Arm und
Kante des Rechteckes ist ca. 4 cm, siehe nachfolgende Bilder.
Im Bereich der Taille, ca. Körper-Mitte, wird das Rechteck etwas schmaler
(Sanduhr); jetzt hat das abgerundete Rechteck eine Körperform.
Die Halsöffnung muss dem Halsumfang der Puppe entsprechen.

Damit der Körper gleichmäßig wird, wird das Papier in der Körpermitte
gefaltet, die halbe Körpersilhouette aufgezeichnet und ausgeschnitten.

Nach dem Auseinanderfalten entsteht ein komplettes, Seiten-identisches Schnittmuster für den Körper (siehe Bilder der nächsten Seiten).

Dieses Schnittmuster wird auf den ausgewählten Körperstoff gelegt und im Abstand von ca. 1 cm 2 mal ausgeschnitten, aufeinander gelegt und zugenäht, bis auf die Halsöffnung. Die Halsöffnung mit ca. 2 cm Hals wird ca. 1 cm umgeschlagen und als Tunnel genäht. In diesen Tunnel wird entweder ein Kabelbinder oder ein nicht dehnbares Band (z.B. dünnes textile Schleifenband) eingezogen, um den Kopf einzubinden. Der Körper erhält unten, zur Poausbildung, einen Abnäher.

Für die Arm- und Beinansätze werden Stoffschläuche genäht, die mit etwas „Spiel" über die Arme und Beine passen. Wenn die Puppenarme und -beine eine Nut haben, erhalten die Stoffschläuche Tunnel, um die Gliedmaßen in die Stoffschläuche einzubinden. Sollten die Puppenarme und -beine keine Nut haben, müssen die Stoffschläuche an die Puppenarme und -beine genäht werden.

Wenn es keine Arme und Beine gibt, sondern nur Hände und Füße, werden die Stoffschläuche entsprechend länger zugeschnitten und genäht.

Jeweils das andere Ende des Stoffschlauches wird geschlossen, dazu wird ein Faden parallel zum Rand ein- und zugezogen

Alternatives Schnittmuster

Benötigt wird ein Body und eine Strumpfhose oder ein Strampelanzug in der gewünschten Größe, z.B. 48 oder 52 für eine 50cm Puppe.

Diese Kleidungsstücke werden auf ein Stück Papier oder Folie gelegt und mit einem Stift übertragen.

Der Körper könnte zusammen mit den Armen und Beinen genäht werden oder Arme und Beine werden separat und später an den Körper genäht.

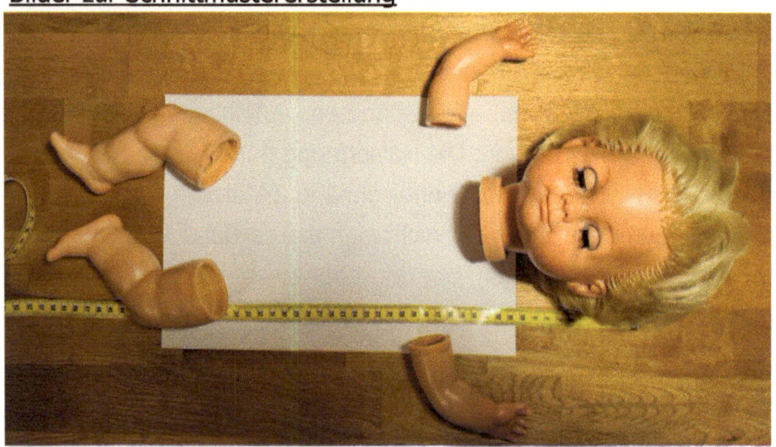

Eine alte Schildkrötpuppe erhält einen neuen Stoffkörper.

Schnittmuster grob auf das Papier zeichnen, halber Halsumfang ist die Halsöffnung.

Papier mittig falten, halben Körper aufzeichnen, ausschneiden, auseinanderfalten …

Und fertig ist ein gleichmäßiger Körper.

Schnittmuster auf den Stoff übertragen und zunähen.

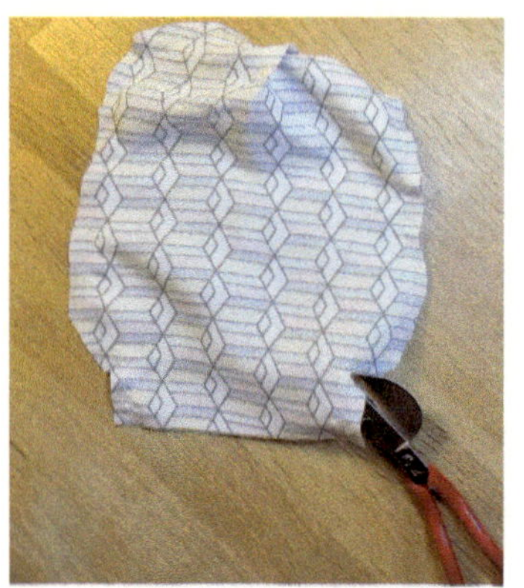

Nach dem Nähen werden die Außen-ecken und die Innen-Ecken (Bereiche Hals) etwas eingeschnitten, damit nach dem Umkrempeln der Körper keine/weniger Falten wirft.

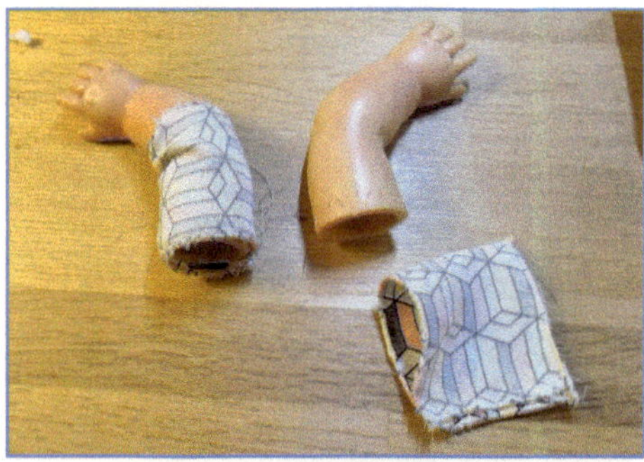

Schläuche für die Arm- und Beinbefestigung nähen

Schläuche über die Gliedma-ßen ziehen

Schläuche an die Gliedmaßen annähen

Schläuche umkrempeln

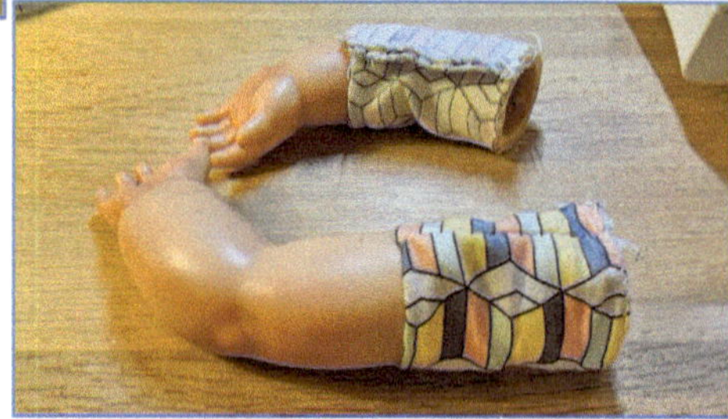

<u>Körper füllen</u>

Der Stoffkörper wird mit Füllwatte gefüllt (Füllvlies, Fiberfill aus dem Rebornhandel, aus Bastelläden oder Füllungen von Kissen). Damit später die Puppe gut im Arm liegt, kann der Körper beschwert werden. In kleine Säcke (Beutel, die etwas kleiner als der Puppenkörper sind, oder alte Socken) wird Granulat (Vinyl, Glas, Edelstahl, Silikon) gefüllt und zwischen die Füllwatte in den Körper geschoben, möglichst in den unteren Bereich, zum Po.

Auch der Kopf und die Gliedmaßen können eine Füllung aus Granulat und Füllwatte erhalten. Vinylteile sollten keine Fülllungen mit Kunststoffgranulat erhalten, da es zu sog. Weichmacherwanderungen kommen könnte. Es gibt auch feines Mineral- und Glasgranulat, wie Sand zum Befüllen.

Ich empfehle abgerundetes Beschwerungs-Material in der Korngröße von 2-5 mm und kein zu feines Mineral- (Sand) bzw. feines Glasgranulat zu verwenden, da dieses die Säcke bzw. die Gliedmaßen beschädigen könnte. Sehr feines Material könnte mit den Jahren aus der Puppe aussanden.

<u>Montage der Puppe</u>

Die Arme und Beine werden an den Körper genäht. Es ist oft etwas schwierig, die Nadel durch das Vinyl zu stechen, eine Zange zum Ziehen ist sehr hilfreich.
Wenn das alternative Schnittmuster, der Körper mit den Armen und Beinen zusammen, genäht wurde, sollte im Bereich der Arm- und Beinansätze keine Füllung sein, damit die Gliedmaßen sich gut bewegen lassen. Das Einfachste wäre, im Bereich vom Arm- und Beinansatz eine Naht zu platzieren, als eine Art Knick zur besseren Beweglichkeit der Arme und Beine.

In die Halsöffnung des Körpers wird der Kopf eingebunden, mit Kabelbinder oder nicht dehnbaren Band, z.B. textiles dünnes Geschenkband.

Eine Vinylpuppe bestehend aus Körper, Kopf und Gliedmaßen aus Vinyl.

Die Puppe wurde für die Bearbeitung nicht auseinandergebaut.

Die ehemalige „Glatzi-Puppe" erhielt eine neue Perücke.

Upcycling: Von einer ausgedienten Spielpuppe wurden die Hände und Füße gerettet und mit einem neuen Kopf und neuem Körper zu einem Reborn Baby.

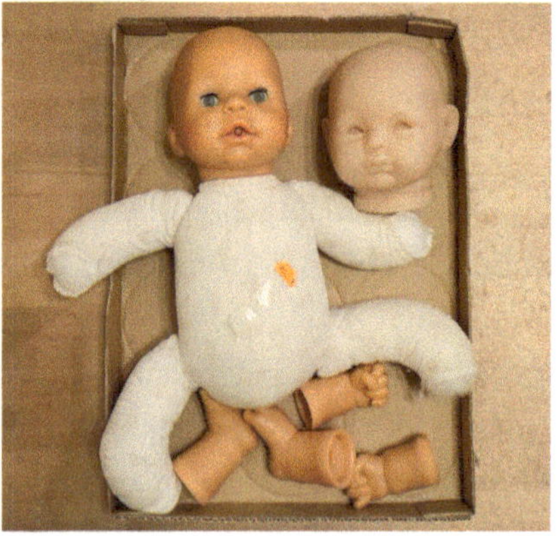

Arbeitsschritte, als Kurz-Übersicht:

- ✓ Puppe auseinander bauen,
- ✓ Entsorgung des alten Stoffkörpers, incl. Füllung,
- ✓ alte Haare abrasieren,
- ✓ Puppenteile (Kopf und Gliedmaßen) mit Vinylreiniger gereinigt,
- ✓ Puppenteile einfärben: grundieren, schattieren, Rötungen, Adern und Falten malen, Mottling, Wash out, Maniküre und Augenbrauen malen, Sommersprossen stempeln, versiegeln
- ✓ neuen Körper nähen und füllen, ggf. aufwichten,
- ✓ Puppe montieren: Kopf und Gliedmaßen einbinden, Perücke aufsetzen.

<u>Beispiel Puppe 90er Jahren</u>

Basis: ältere Puppe

1. Skin: Grundierung

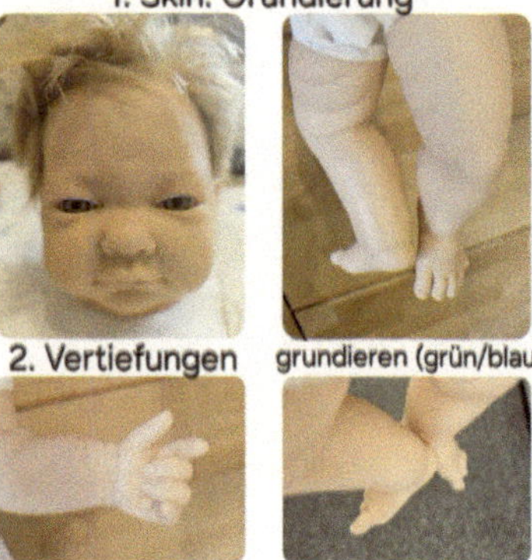

3 Gefäße: grün, blau, lila

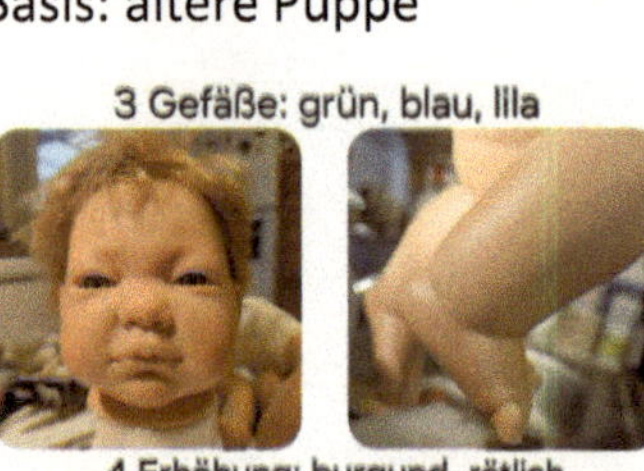

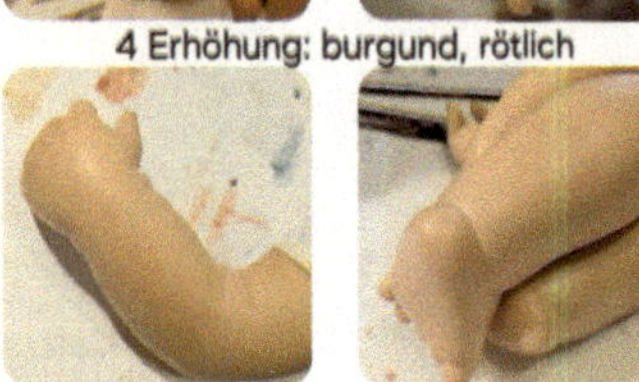

5 Falten und Lippen

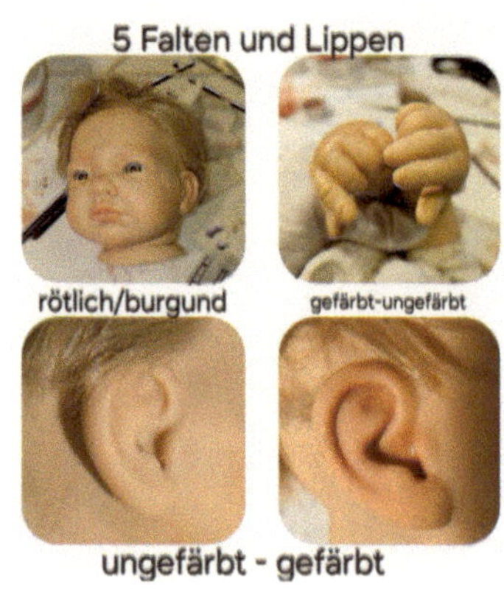

6 Nägel und Sommersprossen

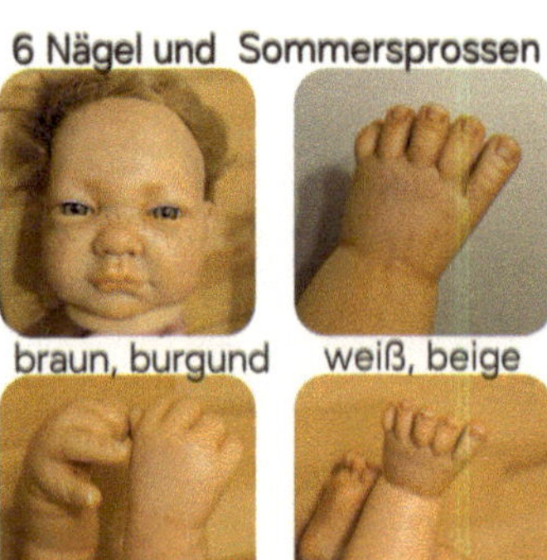

Nach der Aufarbeitung:

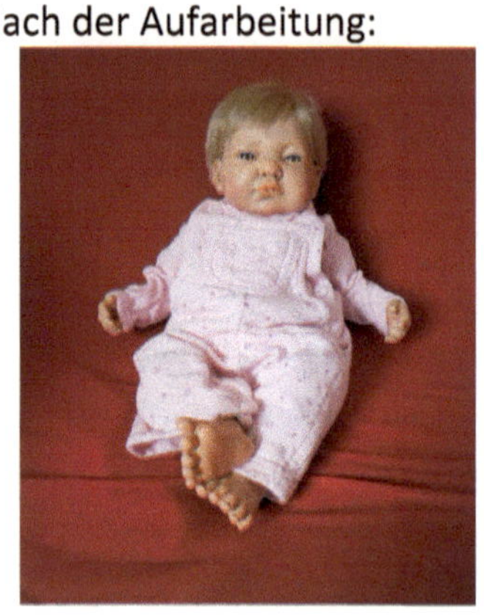

Kapitel 2: Rebornen eines Puppen-Bausatzes

Als Basis für eine neue Reborn Puppe ist ein Bausatz mit geschlossenen Augen für Anfänger geeigneter, weil das Einsetzen von Augen etwas „fummeliger" ist.

Vorbereitung

Der neue Bausatz wird mit Spüliwasser und weicher Bürste gereinigt.
Weitere Details siehe im Kapitel 1.
Es können auch die Nasenlöcher geöffnet werden und von hinten hinterlegt, damit die Füllung später nicht zu sehen ist.

Grundierung

Die Grundierung erfolgt mit wässriger Farbe, Skin, in 1-2 Arbeitsschritten. Leider gibt es Bausätze, die eine etwas gräuliche Grundfarbe haben, in diesem Falle könnte der wässrigen Farbe etwas mehr rot/rosa oder gelb zugeführt werden.
Weitere Details siehe im Kapitel 1.

Schattierungen

Vertiefungen werden leicht schattiert, gräulich oder grün/lila.
Bei der Färbung eines dunkleren Reborn Babys (schwarz, Afro) sollte beachtet werden, dass die Innenfläche der Hände deutlich heller ist als die eigentliche Hautfarbe.

Weitere Details siehe im Kapitel 1

Der Bausatz ist vorbereitet und das Rebornen kann beginnen.

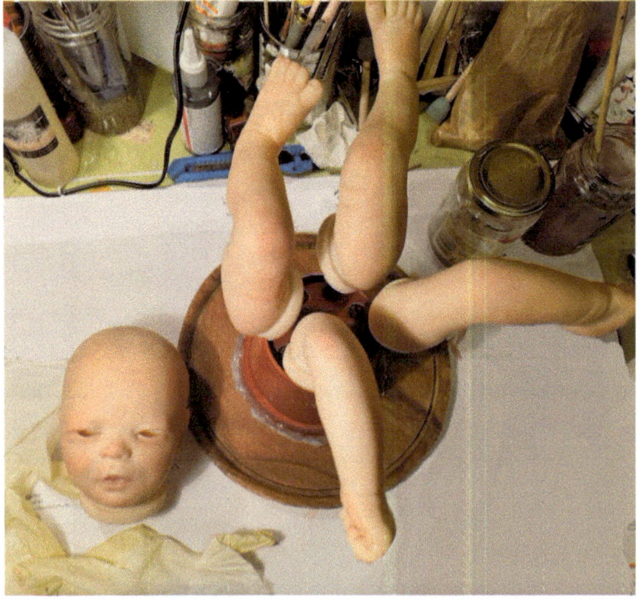

Färbung ist fast fertig, es fehlen noch die Augenbrauen, Haare, Maniküre, die Augen und die Endmontage mit dem Körper.

<u>Adern, Venen</u>

Die Adern werden bläulich aufgetragen (Adel mit blauem Blut 😊).
Bei einem Puppenbausatz, der später ein „Glatzi" werden soll, d.h. ohne Haare, können auf dem Kopf mehrere feine Adern gezeichnet werden, dazu gibt es im Internet einige anatomische Bilder.

Weitere Details siehe im Kapitel 1.

<u>Rötungen</u>

Die Puppenbausätze sind detaillierter modelliert als ältere Puppenbausätze; folglich können mehrere Bereiche farblich (rötlich-rotbraun) gestaltet werden, wie z.B. Knöchel, Dellen im Oberschenkel etc.

Weitere Details siehe im Kapitel 1.

<u>Falten</u>

Die modernen Puppenbausätze haben sehr viele Falten, die entsprechend ausgearbeitet werden können, in unterschiedlich intensiven Farbtönungen in rötlich-bräunlich.

Weitere Details siehe im Kapitel 1.

<u>Mottling</u>

Bei größeren Bausätzen, wie z.B. Toddler, können unterschiedlich große Strukturen angelegt werden, da z.B. im Oberschenkelbereich die Struktur gröber ist als im Gesicht.

Weitere Details siehe im Kapitel 1.

Wash out

Das Wash out muss natürlich farblich zur Grundierung passen ggf. wird die Grundierung verwendet, bzw. eine Nuance dunkler.

Weitere Details siehe im Kapitel 1.

Maniküre

Bei größeren Bausätzen, Toddler, können die Nägel einen leichten rosa Farbton erhalten, aber vorsichtig mit dem Farbton, sonst wirkt es später wie lackiert.

Weitere Details siehe im Kapitel 1.

Augenbrauen und Haare

Einem Kleinkind, Toddler, sollten Haare implantiert oder eine Perücke aufgesetzt werden.

Weitere Details siehe im Kapitel 1.

Versiegelung

Versiegelung als Schutz z.B. in matt.
Weitere Details siehe im Kapitel 1.

Augen

Ich empfehle zum Anfang Acrylaugen, als Halbschale oder Ovale.

Wenn das Vinyl weich und die Augenschlitze groß genug sind, können die Augen von vorne in die Augenhöhle geschoben werden.

Ansonsten müssen die Augen von hinten, d.h. Kopfinneres, eingesetzt werden. Es gibt im Reborn Fachhandel entsprechendes Werkzeug. Oft kann auch mit einer abgepolsterten (damit das Auge nicht zerkratzt) Spitzzange das Auge eingesetzt werden. Wenn die Augenhöhle im Kopf noch geschlossen ist, muss diese mit einem scharfen Skalpell oder Cuttermesser ca. 1/3 – ½ aufgeschnitten werden, durch diesen Schlitz werden die Augen in die Augenhöhle geschoben.

Sollten die Augen zu locker in der Augenhöhle sitzen, können die Augen mit Kleber fixiert werden. Oder es werden weiche Pompons zur Stabilisierung mit in die Augenhöhle geschoben hinter das Auge. Es gibt im Reborn Fachhandel entsprechende Pompons für die Füllung der Augenhöhle oder es werden passende Kugeln gefilzt.

Körper

Oft gehört zum Bausatz ein Soffkörper, oder es wird ein passender Körper empfohlen. Folglich muss nicht zwangsläufig einer angefertigt werden. Trotzdem kann passgenau, nach Wunsch, ein Körper genäht werden.

Weitere Details siehe im Kapitel 1.

Bausatz füllen und Endmontage

Der Körper und der Kopf werden mit Füllwatte und Beschwerungs-Material, in Beuteln, gefüllt. Das Gewicht ist abhängig vom eigenen Geschmack und Größe des Reborn Bausatzes.

Bei einem Frühchen, bei dem das Köpfchen noch gestützt/gehalten werden muss, darf der Körper nicht zu fest gestopft werden, dafür den Kopf etwas mehr wichten.

Körper von Toddler und Babys, die ihren Kopf halten sollen, werden fester gestopft, damit der Körper Halt bekommt. Der Kopf wird nur leicht gewichtet, damit der Körper diesen tragen kann.

Auch die Arme und Beine werden gefüllt, z.B. erst mit Granulat (Vinyl, Glas) und mit Füllwatte, damit u.a. das Granulat fest in den Gliedmaßen bleibt und keine Geräusche bei Bewegung erzeugt.

Weitere Details siehe im Kapitel 1.

<u>Montage der Puppe</u>

Der Kopf, die Arme und Beine werden in den Stoffkörper eingebunden, nachdem die einzelnen Teile gewichtet wurden.

Zum Schluss wird die Puppe baby-, bzw. kindgerecht eingekleidet.

<u>Anfertigung eines Schnullers</u>

Oft erhalten Reborns einen Magneten im Kopf im Bereich des Mundes, damit ein sogenannter Magnetschnuller getragen werden kann. Dabei wird vom Schnuller der Nuckel abgeschnitten und ein starker Magnet angeklebt mit Alles-, Sekunden- oder Heißkleber. Da die Wirkungen von Magneten auf Menschen mit Herzschrittmacher, Hörgeräte etc. negativ sein können, empfehle ich Steck-Schnuller.

<u>Anleitung Steck-Schnuller</u>

Vom Schnuller wird der Nuckel abgeschnitten und vom Kabelbinder ein ca. 2 cm Stück, die Länge ist abhängig von der Mundform des Reborns.

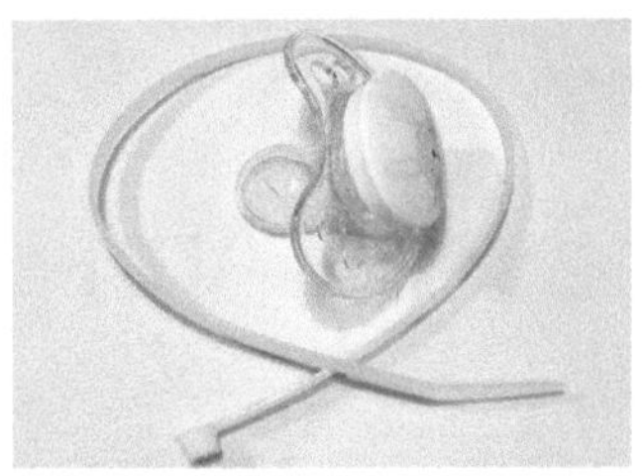

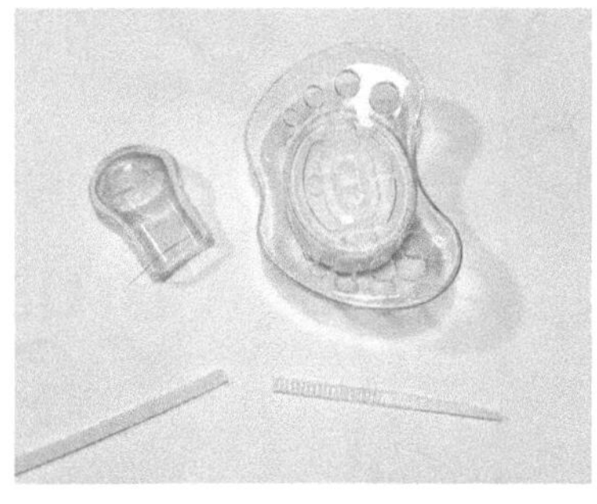

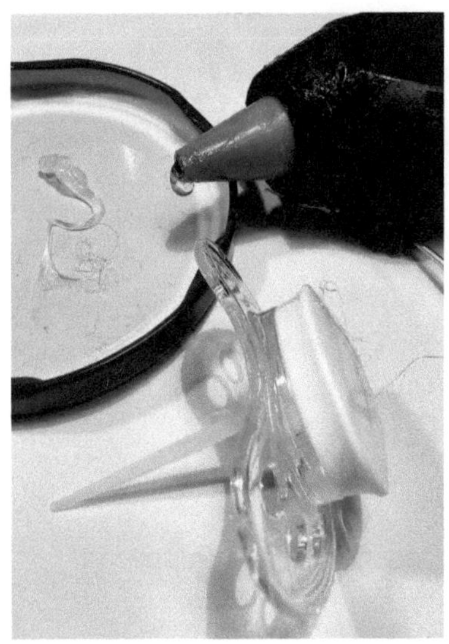

Wo einst der Nuckel saß, wird mit Heißkleber das Stück des Kabelbinders eingeklebt.

<u>Kleidung passgenau anfertigen</u>

Die Babypuppen in der Größe ab 48 cm können handelsübliche Babyklei-
dung tragen. Natürlich gibt es auch Frühchenkleidung ab Größe 40 cm,
die allerdingst selten im Handel zu bekommen ist.

Für kleinere Puppen gibt es Puppenkleidung im Spielzeughandel, die al-
lerdings qualitativ nicht sehr hochwertig hergestellt wird und teuer ist.

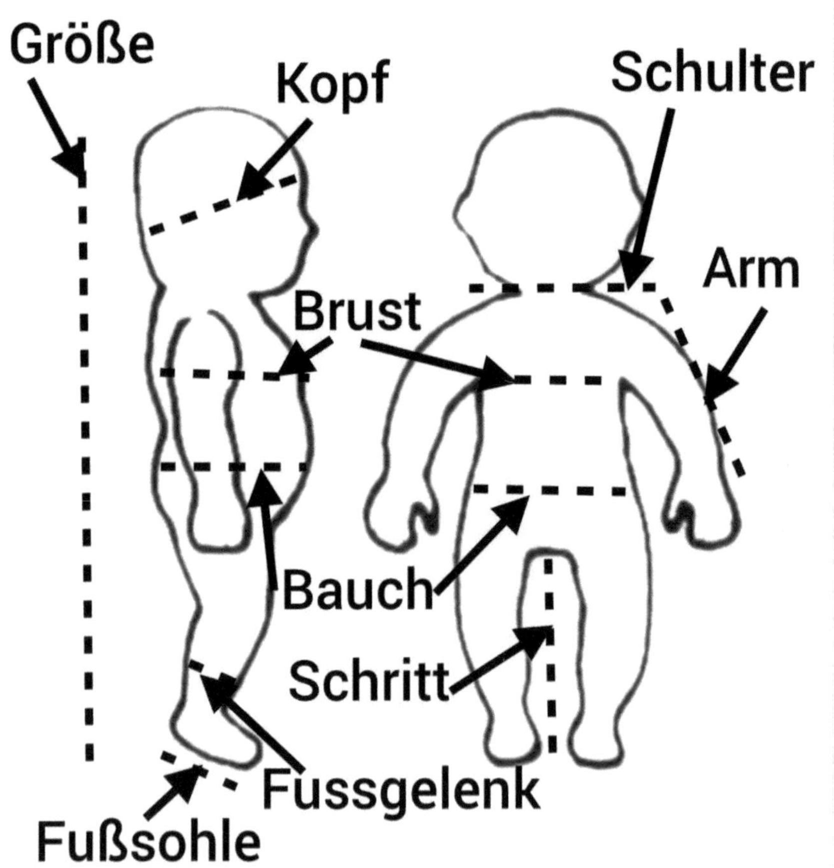

Damit die selbst angefertigte Kleidung gut passt, sollte die Puppe ver-
messen werden.

Eine grobe Übersicht zu den Abmessungen, Angaben in cm:

Körper-größe	Kleider-größe	Brust/Bauch Umfang	Kopf-um-fang	Arm-länge	Rücken-länge
40-50	44/50	41-43	36	20	20
51-56	56	41-45	39	22	22,5
57-68	62/68	45-49	43-45	24	25
69-89	74/80	48-53	48-53	26	27

<u>Nähen</u>

Für die Kleidung können alte Kleidungsstücke, wie Blusen, Hemden etc. verwendet werden. Zu dicke, steife Stoffe (wie z.B. Jeans, Leder, Fell) sind ungeeignet, da diese im Größenverhältnis nicht gut fallen und für Anfänger schwieriger zu verarbeiten sind. Ebenso sind glatte Stoffe (Seide) schwieriger in der Verarbeitung.

Zu den gemessenen Abmessungen der Puppe gebe ich einige cm zu (2-4 cm), für den lockeren Sitz, und 1-2 cm für die Naht. Mit diesen Maßen wird das Schnittmuster gezeichnet auf Papier oder einer Plastikfolie (Tüte).

Das Schnittmuster wird auf den Stoff gelegt und mit einem Bleistift oder Schneiderkreide auf den Stoff übertragen und anschließend ausgeschnitten.

Es gibt im Handel viele Schnittmuster in den unterschiedlichsten Schwierigkeitsgraden.

Ich habe hier zwei sehr einfache Schnittmuster entworfen.

<u>Achtung beim Nähen</u>

Beim Zuschneiden auf den Fadenlauf (die Stofffadenrichtung) achten, damit das Kleidungsstück gut sitzt und nicht verzieht.

Beim Zusammennähen muss die linke, die nicht so schöne Seite, sichtbar sein, d.h. rechte Seite liegt auf rechte Seite, damit das fertige umgekrempelte Kleidungsstück gut aussieht.

Hose

Zuerst werden die Seitennähte und die Innenbeinnähte (Schritt) zusammengenäht.

Es kann ein fertiges Bündchen angenäht werden oder das Schnittmuster wird um die Bündchenhöhe ca. 5 cm länger zugeschnitten, umgelegt und als Tunnel zugenäht, um später ein Gummiband einzuziehen.

Die Hosenbeine werden auf die Beinlänge der Puppe umgelegt und festgenäht.

Schnittmuster Hose

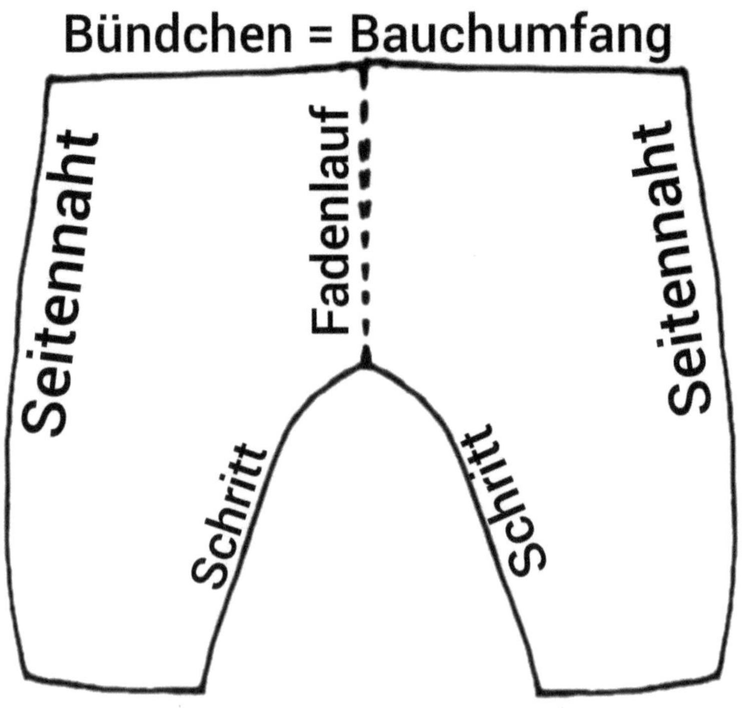

Oberteil, Tunika

Zuerst werden die Seitennähte und die Schulternähte zusammengenäht.

Beim Halsausschnitt kann ein einfach gefaltetes Schrägband (20 mm breit) als Saumband um die Kante genäht werden. Oder der Stoff wird umgelegt und vernäht.

Oberteil- und Armlänge werden, angepasst an die Puppe umgelegt und festgenäht.

Schnittmuster Oberteil

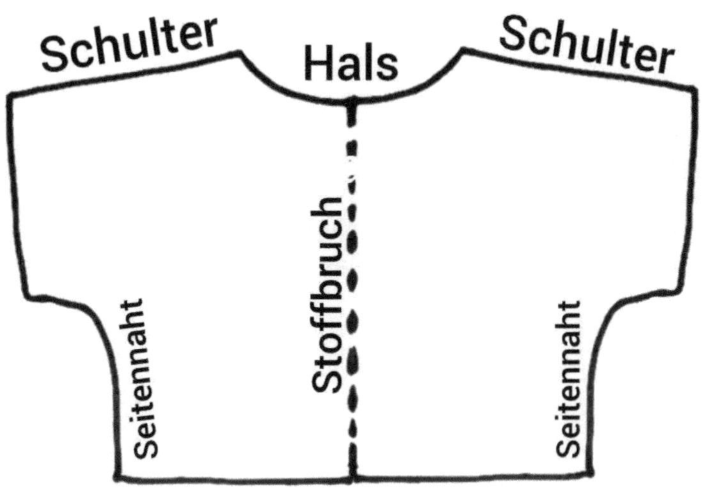

<u>Stricken</u>

Die Angaben zur Anzahl der Maschen und Reihen können bezüglich der gewünschten fertigen Abmessung abweichen, da diese abhängig sind von der Garn-/Nadelstärke und wie fest oder lose gestrickt wird.

Deshalb ist eine Maschenprobe sinnvoll und hilfreich. Für eine Maschenprobe könnten 11 Maschen, bzw. min. 2 Muster-Rapport aufgenommen (angeschlagen) und im gewünschten Muster ca. 10 cm gestrickt werden. Die gemessene Breite und Höhe wird auf die benötigte Breite und Höhe umgerechnet und die Maschen- bzw. Rapportanzahl entsprechend multipliziert.

<u>Einfache Strick-Mütze</u>

Gestrickt wird mit einem Nadelspiel (5 Nadeln je 20 cm). Je Nadel (Stärke 3) ca. 16-20 Maschen anschlagen. Es kann auch mit einer entsprechend kurzen Rundstricknadel gestrickt werden.

Das Bündchen: 1 Masche links, 1 Masche rechts, ca. 10 Reihen stricken (Höhe ca. 2cm). Wenn das Bündchen umgeschlagen werden soll, müssen ca. 22 Reihen gestrickt werden (Höhe ca. 5cm).

Wenn nach dem Bündchen in Patent oder Halbpatent weitergestrickt werden soll, müssen keine Maschen zugenommen werden.

Soll jedoch nach dem Bündchen mit einem Muster oder in rechten Maschen weiter gestrickt werden, müssen Maschen zugenommen werden, z.B. jede fünfte Masche + 1 Masche.

Es wird ein Schlauch gestrickt und nach Erreichen der gewünschten Höhe/ Länge können die Maschen abgekettelt und zusammengezogen werden.

Alternativ wird der Schlauch länger gestrickt und nach dem Abketteln mit einem Knoten geschlossen zur Mütze.

Eine einfache Mütze mit Umschlag.

Gestrickt wird ein Schlauch mit einem
Nadelspiel oder einer kurzen Rundstricknadel.

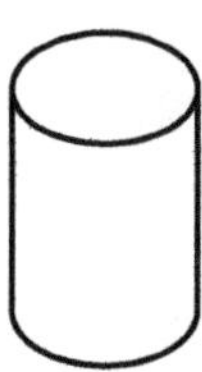

Mützentyp A:

Gestrickt wurde ein längerer
Schlauch, der oben nur durch zu-
ziehen geschlossen wurde.

Mützentyp B:

Der gestrickte Schlauch von Mützentyp B ist länger als der von A
um die Mütze mit einem Knoten zu
schließen.

Einfaches Strickoberteil ca. in Gr. 50

Für ein Oberteil werden, je nach Material (Fadenlauf), 50-100g benötigt.

Ich empfehle für Puppen, Jacken zu stricken, da diese den Puppen

einfacher angezogen werden können.

Rückenteil

Wenn die benötigte Anzahl der Maschen ermittelt wurde (Maschenprobe) wird diese Anzahl angeschlagen, z.B. für eine Jacke in Gr. 48/50 bei Nadelstärke 2,5/ 3 für das Rückenteil z.B. 50 Maschen. Das Bündchen kann entweder 1 Masche (M) Links (l)/ 1 Masche rechts (r) gestrickt werden, oder 1 M l/ 1 M r. Das Bündchen sollte eine Höhe von ca. 2-3 cm erhalten (10-15 Reihen).

Anschließend wird ca. jede 8. Masche 1 Masche zugenommen, ggf. müssen gem. Muster auch einige Maschen mehr zugenommen werden. Rückenteilbreite ca. 21 cm. Das Rückenteil wird gerade hochgestrickt bis zur Schulter, ca. 20 cm und die Maschen abgekettet.

Vorderteil (2x gestrickt, aber gespiegelt)

Für ein halbes Vorderteil wird für das Bündchen die Hälfte der Rückenbündchen-Maschen-Anzahl + ca. 5 Maschen, da die Jacke überlappend sein sollte, angeschlagen, oder anstelle der +5 Maschen wird später eine Kopfleiste gestrickt. Das Bündchen wird im gleichen Muster gestrickt wie das Bündchen vom Rückenteil.

Nach dem Bündchen werden gem. Rückenteil einige Maschen zugenommen. Es sollte jedoch ein Muster gestrickt werden, nicht nur schlicht rechts, da sich ansonsten das Strickteil immer einrollt.

Ein einfaches geeignetes Muster wäre das Perlmuster: im Wechsel wird 1 M links 1 M rechts gestrickt und bei der Rückreihe versetzt.

Für den Halsausschnitt wird ca. 2-3 cm vor der Schulterhöhe des Rückenteils Maschen abgekettet (ca. 1/6 der Anzahl der Rückenteilmaschen).

Die restlichen Maschen (1/3 der Anzahl der Rückenteilmaschen) werden weiter gestrickt bis zur Schulterhöhe des Rückenteils und abgekettelt.

<u>Ärmel (2x stricken)</u>

Für die Ärmel kann die Anzahl der Maschen aus der Maschenprobe oder den bereits gestrickten Rückenteil ermittelt werden, indem das Rückenteil der Puppe lose um den Arm gelegt wird. Die Anzahl der Maschen kann abgezählt werden.

Ca. ½ der gezählten oder gerechneten Maschen für den Ärmel werden für das Bündchen angeschlagen (ca. 18 M). Nachdem das Bündchen, analog Rückenteil, gestrickt ist, wird die Anzahl der Maschen verdoppelt, d.h. nach jeder Masche wird 1 Masche zugenommen. Die Ärmel können im Muster oder schlicht rechts gestrickt werden.

Wenn die gewünschte Ärmellänge (von Handgelenk bis in die Achsel ca. 17 cm) erreicht ist, können die Maschen abgekettelt werden.

<u>Abschluss</u>

Die gestrickten Teile können gespannt werden und/oder feucht gedämpft werden, mit einem feuchten Tuch bügeln oder mit einem Dampfbügeleisen. Alle Teile zusammennähen, d.h. alle Nähte schließen. Als Verschluss können einige Druckknöpfe (ca.3-5 Stück) angenäht werden.

Begriffserklärung und kleine Materialkunde

Augen:

Halbschalen, das sind Glas Cabochons (halbe Kugeln),

ovale Glasaugen sind ovale massive Halbschalen,

mundgeblasene Augen sind kugelig mit Glasansatz und sehr gleichmäßig gearbeitet.

Harte Polymer-Halbschalenaugen (Acryl-Augen), sind bruchsicher und
temperaturstabil bis zu 135 Grad.

Platinum Softglass Augen sind halbrunde, silikonartige Softglass Augen (weiche Kunststoff-Augen), sie sind flexibel.

Es gibt die Augen in vielen Farben, diese sollten abgestimmt sein mit
dem Typ Baby (Hautfarbe).

Augenbrauen-Stift

Es gibt Stifte in vielen unterschiedlichen Farben, um bei den Puppen
die Augenbrauen zu zeichnen, und es kann mit diesen Stiften ein einfaches Hairpainting angefertigt werden.

Bausatz

Ein Puppenbausatz besteht in der Regel aus Puppenkopf, Armen und
Beinen. Es gibt viele unterschiedliche Bausätze von Reborn Künstlern,
die es meistens im Internet oder auf Messen zu kaufen gibt.

Außerdem werden viele dieser Bausätze kopiert und als sog. China
Puppen Bausätze angeboten.

Blushing

Rötung anlegen mit Acrylfarben im Tupfverfahren.

Cuddlebaby

Eine Puppe, bei der nur der Kopf aus Vinyl und der Rest wie Körper, Arme und Beine aus Stoff ist. Diese Puppen sind besonders anschmiegsam und knuddelig.

Es gibt aber auch Halb-, Teil-, Dreiviertelcuddle, dann haben die Puppen z.B. Vinylhände und -füße, oder Vinylarme.

3 D Gel

Mit diesem Gel können Rotznäschen, Speichel an den Lippen oder Tränen gestaltet werden. Dadurch sieht die Puppe noch realistischer aus.

Edelstahl-Granulat

Feinkörnige Qualität zum Beschweren von Puppen

Farben (aus dem Reborn-Fachhandel)

Ölfarben, die nach jeder Schicht eingebrannt werden müssen.

Acryl-Künstlerfarben sind ideal für die Real-Skin-Technik und trocknen an der Luft.

Für Silikonpuppen gibt es spezielle Farben, die direkt aufgepinselt oder per Airbrush gesprüht werden.

Fiberfill

Eine Chemiefaser, meist auf Basis Polyester und häufig aus Hohlfasern, dient als Füllvliese für die Gliedmaßen, Kopf und Körper, siehe auch Füllwatte.

Füllwatte

Bastelwatte zum Füllen von Puppen und Plüschtieren. Alternativ kann auch eine Polyesterfüllung aus Kissen verwendet werden.

Glas Pellets fein

Glasgranulat, kleine Kügelchen, keine scharfen Kanten, als Beschwerung der Gliedmaßen, Kopf und Körper

Gelenkscheiben

Um Arme und Beine an einen Scheibengelenkkörper aus Stoff zu befestigen, werden min. Scheiben und Splinte benötigt. Es gibt sie in vielen unterschiedlichen Größen, um die Gliedmaßen optimal zu befestigen und in unterschiedlichen Materialien, z.B. Kunstostoff, Holz Pappe.

Hautstruktur Schwamm

Schwamm aus Gummi oder Naturschwamm für eine realistische Hautstruktur, in grob und fein, siehe auch Mottling.

Kabelbinder

Die Kabelbinder sind extra dünn und lang, werden oft benutzt, um die Gliedmaßen und den Kopf am Stoffkörper zu befestigen (einzubinden). Alternativ kann reißfestes und nicht dehnbares Band verwendet werden, z.B. textiles dünnes Schleifenband.

Malschwämmchen

Schwamm, um die Farbe gleichmäßig aufzutragen, einzutupfen.

Magnetschnuller

Es muss im Köpfchen ein Hochleistungsmagnet eingeklebt werden, damit der Magnetschnuller am Puppenmund hält.

Mineral-Granulat

Granulat zum Beschweren von Reborn-Babys, es muss frei von organischen Stoffen, mehrfach gewaschen und hocherhitzt werden somit keimfrei sein.

Mohair

Langfloriges Mohair wird als besonders weiches Baby-Haar mit Rootingnadeln eingepflanzt.

Mottling

Mit Farbe und Schwamm wird eine Hautstruktur kreieren

Pinsel

Fächerpinsel, der z.B.
für ein schnelles Hair-
painting genutzt werden
kann.

Feine Pinsel
Um die Augenbrauchen und
Haare zu malen, sind sehr feine
Pinsel erforderlich, z.B. aus
dem Nageldesign-Zubehörhan-
del.

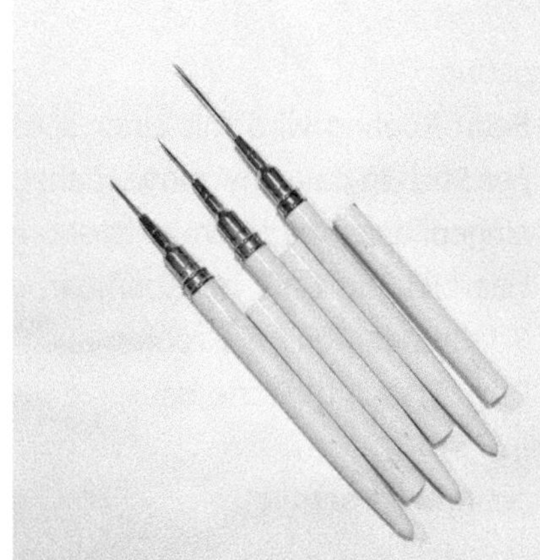

Puppenkleber

Kleber aus dem Reborn Zubehör ist ideal zum Ankleben von Wimpern und Haaren, wie Perücken und Tressenkäppchen

Scheibengelenkkörper

Stoffkörper, an denen per Scheiben mit Splint Arme und Beine befestigt werden, damit die Gliedmaßen der Puppe besonders beweglich sind.

Schwamm-Tupfpinsel

Schwämmchen, die über den Finger gestülpt werden. Diese sind ideal für die Real Skin Technik

Real-Skin Methode/ Technik

Bei dieser Technik soll durch mehrere sehr dünne Farbschichten ein reales Hautbild entstehen.

Rooting

Beim Rooting wird mit einer speziellen Nadel Mohair oder Echthaar per Stich in das Vinyl eingepflanzt. Zum Teil wird jeweils nur ein Haar eingepflanzt, dadurch entsteht ein besonders feines, realistisches Haarbild, nicht nur bei Kopfhaar, sondern auch bei Wimpern.
Erfahrende Reborner rooten auch die Augenbrauen.
Es gibt auch tierische Bausätze aus Vinyl zum rooten.

Rooting Wimpern

Echthaar-Wimpernstrang auf Band, Strang sieht aus wie gerootet.

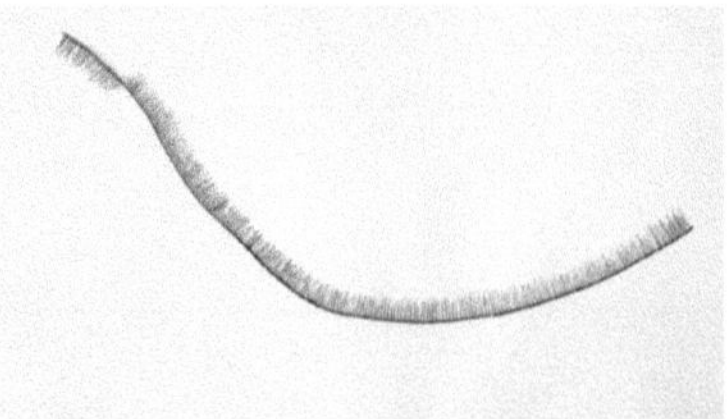

Schlafbaby
   Puppe mit geschlossenen Augen

Toddler
   Kleinkind-Puppen, die ca. 70 - 120 cm groß sind Toddler.
Tressenkäppchen
   Ein Haarteil, keine ganze Perücke, sondern nur ein schalenartiges
   Stück mit Haaren.

Trocknungsgestellt
   Ein Brett mit Holzstäben, um nach dem Farbauftrag die Vinylteile zu
   trocknen, ein entspr. Ständer kann auch selbst angefertigt werden.

Varnish
   Zum Schutz wird ein klarer Lack, um die Färbung zu schützen, als
   Versiegelung aufgebracht

Vinyl Granulat
   Zum Beschweren von Puppen und Teddys. Da es sich hier um das
   gleiche Material handelt wie das der Bausätze, kann das Vinyl-Granu-
   lat auch bedenkenlos in die Arme und Beine eingefüllt werden. Es besteht keine Gefahr der Weichmacherwanderung.

Vinylreiniger
   Ein spezieller Reiniger für Vinylteile.

Wimpernstrang
   Echthaar-Wimpernstrang auf Band, siehe auch Roting Wimpern.

wash out
   Eine Farbschicht, zum Schluss der Färbung.

<u>Ergänzende Informationen</u>

Wer jetzt infiziert ist von Puppen Rebornen, kann das Wissen vertiefen mit ergänzenden Büchern und Videos (Internet) zu den unterschiedlichsten Themen;

- o Reborn Spezialthemen: wie
    - o der Gestaltung von Ethnic Puppen
    - o Einbrennfarben
    - o rooting Techniken (Mini-, Micro- und Ultra Micro rooting) um Haare zu implantieren, von unterschiedlichen Puppenkünstlern.
    - o Hairpainting
- o historische Entwicklung der Puppen
- o unterschiedliche Puppen-Materialien (Holz, Stoff, Porzellan, Celluloid, usw.)
- o Verwendungsmöglichkeiten von Puppen, (Spiel-, Lern-, Voodoo-, Künstlerpuppe, usw.).
- o Fachbücher zur Restauration antiker Puppen

Es gibt noch weitere Möglichkeiten, die Reborn Puppe realistisch zu gestalten, z.B. mit Sprach-, Geräuschmodule, Babypuderduft, Klinikbändchen, Nabelklemme.
Es können auch Tiere und Außerirdische/Fantasie Babys rebornt werden.

In den Soziale Medien/ Social Media gibt es viele Plattformen von Puppenliebhabern und speziell Reborn. Auf diesen Seiten finden Käufe- und Verkäufe statt, Tipps und Erfahrungen etc. werden ausgetauscht. Auch Treffen werden in den Interessengemeinschaften organisiert und vieles mehr.

Mit der fertig eingefärbten Puppe, dem Reborn sollte behutsam umgegangen werden. Weil bei grobem Umgang könnte die Puppe beschädigt werden. Kratzer können nicht so ohne weiteres repariert werden, meistens muss dann das ganze Vinylteil neu eingefärbt und versiegelt werden, weil Ausbesserungen dauerhaft zu sehen sind.

Direkte längere UV-Bestrahlung, wie Sonnenlicht, sollte vermieden werden, da das Vinyl altert und sich verfärben könnte.

Stark und besonders dunkel eingefärbte Gegenstände, wie Kleidung könnte „ausbluten" und auf das Vinyl abfärben. Deshalb sollte besonders dunkle Kleidung, bevor es der Puppe angezogen wird, gewaschen und auf Abfärben getestet werden, z.B. durch Reibung.

Die gefärbten Vinylteile der Puppe können mit einem leicht angefeuchteten Waschlappen gereinigt werden, aber bitte nicht schrubben, da ansonsten die Versiegelung und Färbung beschädigt werden könnte.

Achtung: ein Magnet im Kopf könnte elektronische Geräte stören, wie Herzschrittmacher, Metallimplantate, Hörgeräte, Festplatten, Handys etc. Der Magnet kann entfernt werden, wenn der Kopf abgenommen und etwas Füllung entfernt wird, vorsichtig mit einem scharfen Messer.

Ich wünsche viel Spaß und Freude beim Aufarbeiten von älteren Schätzchen und dem Rebornen von neuen Bausätzen.

Sylvia Ehrenstein

Weitere Informationen sind auf meiner Homepage zu finden:
https://sylvia-ehrenstein.webnode.page

Eine fantastische Art des Upcyclings: aus altem Papier werden neue Gebrauchsobjekte

Papierdrahtbasteln ist kostengünstig und setzt der Kreativität keine Grenzen.

Keine Vorkenntnisse erforderlich, leicht zu erlernen und auch für Kinder geeignet.